Autor: Emerson Calejon
emersoncalejon@live.com

Resumo

Guardo na memória o rosto de uma jovem que conheci há muitos anos, perto da minha antiga casa. Ela era gentil, educada e sempre cumprimentava as pessoas com um sorriso caloroso. Além disso, era bela, alta e com longos cabelos escuros. Nos encontramos em uma festa junina e tivemos uma conversa agradável, despertando sentimentos além da amizade em mim. No entanto, nossas vidas e experiências eram diferentes, e logo me mudei sem mais a encontrar. Desejo que ela esteja bem e feliz, lembrando-a como uma Pantera encantadora.

PANTERA

Beleza, Gentileza e Humildade

Pantera

Emerson Calejon

Published by Emerson Calejon, Sr, 2024.

While every precaution has been taken in the preparation of this book, the publisher assumes no responsibility for errors or omissions, or for damages resulting from the use of the information contained herein.

PANTERA

First edition. June 6, 2024.

Copyright © 2024 Emerson Calejon.

ISBN: 979-8227340948

Written by Emerson Calejon.

Also by Emerson Calejon

A jornada de Allan Karras
A Serenidade Interior
Do outro lado das Estrelas
John River: O último desafio
Luzes e Ensinos do Plano Astral
Mensagens que Auxiliam
O Caminho
Paixões na Madrugada
Palavras que Confortam
Palavras que Libertam
Reflexões de uma Jornada
Além das Estrelas
O Declínio da Coragem
Uma História de Vida
A Gota de Chuva
O Homem frente ao Ego
O Menino e o Maestro
Perguntas e Respostas sobre a vida Espiritual
Aprendendo com a Vida
50 Tons de Pensamentos
Gume de dois Lados
John River: o início da missão
Arte de Viver
O Jardim de Dulcineia
Para onde tenha Sol

Um olhar além das Estrelas
Em uma Noite Fria
Lembranças de uma Noite de Réveillon
Amizade Colorida
Pantera

Introdução

Guardo na memória o rosto de uma jovem que cruzou meu caminho há muitos anos.

Ela residia nas proximidades da minha antiga residência, mas em uma rua diferente.

O que mais me cativava nela era a sua gentileza e educação.

Ao transitar pela rua, ela observava as pessoas e saudava a todos com um sorriso caloroso.

Recordo que além dessas características mencionadas, ela também era extremamente bela.

Uma jovem de estatura elevada e longos cabelos escuros.

Ela nunca saiu da minha memória.

Certo dia nos encontramos em uma celebração junina e trocamos algumas palavras por um tempo, foi um papo bastante agradável.

Iniciei a sentir algo a mais por ela, algo que ultrapassava o simples laço de amizade, mas nunca expressei meus sentimentos.

Eu já possuía mais experiência de vida e também tínhamos estilos de vida distintos.

Ela possuía uma beleza selvagem, digna de uma pantera.

Um dia me mudei daquela região e nunca mais a encontrei.

Quero que ela esteja bem e em paz, desejo que desfrute de boa saúde e felicidade.

Essa foi a recordação que eu guardo de uma jovem que, além de possuir grande beleza, também era gentil e humilde. Isso a tornava encantadora como uma Pantera.

CAPÍTULO 1

A Beleza da Gentileza e Humildade

A importância da gentileza

A gentileza é uma qualidade fundamental que permeia as interações humanas, promovendo um ambiente de respeito, compreensão e empatia. Através de comportamentos e atitudes gentis, as pessoas têm a capacidade de transformar positivamente a sociedade, criando laços de confiança e solidariedade.

Definição de gentileza

A gentileza pode ser definida como a demonstração de cortesia, amabilidade e consideração em relação aos outros. Comportamentos e atitudes gentis incluem desde gestos simples, como segurar a porta para alguém, até a prática da escuta ativa e empática em situações mais complexas.

O impacto positivo da gentileza na sociedade é significativo, pois contribui para a construção de relações saudáveis, a redução de conflitos e a promoção de um ambiente mais acolhedor e inclusivo.

Exemplos de gentileza

No cotidiano e em situações sociais, a gentileza se manifesta de diversas formas, como oferecer ajuda a alguém que está com dificuldades, expressar gratidão e reconhecimento, ou simplesmente sorrir para um estranho, transmitindo uma mensagem de bondade e respeito mútuo.

Histórias inspiradoras de gentileza são encontradas em relatos de pessoas que, através de atos gentis, conseguiram impactar positivamente a vida de outros, gerando um efeito cascata de bondade e compaixão na sociedade.

Retrato Biográfico

A Beleza da Gentileza e Humildade

A importância da gentileza

Exemplos de gentileza

No cotidiano e em situações sociais, a gentileza se manifesta de diversas formas, como oferecer ajuda a alguém que está com dificuldades, expressar gratidão e reconhecimento, ou simplesmente sorrir para um estranho, transmitindo uma mensagem de bondade e respeito mútuo.

Histórias inspiradoras de gentileza são encontradas em relatos de pessoas que, através de atos gentis, conseguiram impactar positivamente a vida de outros, gerando um efeito cascata de bondade e compaixão na sociedade.

A humildade como virtude

A humildade é uma virtude que se manifesta na capacidade de reconhecer as próprias limitações, valorizar as contribuições dos outros e manter-se aberto ao aprendizado contínuo. Uma pessoa humilde demonstra respeito e consideração por todos, independentemente de sua posição ou status social.

Significado de humildade

Características de uma pessoa humilde incluem a ausência de arrogância e prepotência, a disposição para ouvir e aprender com os outros, e a capacidade de reconhecer e corrigir seus próprios erros. A humildade está intrinsecamente ligada ao autoconhecimento, pois exige uma avaliação honesta de si mesmo e uma postura de constante busca por crescimento pessoal.

Exemplos de humildade

Figuras públicas e exemplos históricos de humildade são fontes inspiradoras que demonstram como a virtude da humildade pode influenciar positivamente a sociedade. Através de suas ações e palavras, essas personalidades transmitem valores de respeito, humildade e empatia, servindo como modelos a serem seguidos.

Além disso, experiências pessoais de humildade, compartilhadas por indivíduos comuns, evidenciam como a prática da humildade no dia a dia pode fortalecer as relações interpessoais, promover a colaboração e contribuir para um ambiente mais harmonioso e equitativo.

A beleza interior

A conexão entre gentileza, humildade e beleza interior reside na capacidade de cultivar qualidades que transcendem a aparência física e refletem a essência de cada indivíduo. O desenvolvimento pessoal e a autoestima são beneficiados pela prática da gentileza e humildade, pois promovem um senso de propósito, significado e plenitude na vida.

CAPÍTULO 2
A Importância da Educação e Gentileza
Educação como base da sociedade

A educação desempenha um papel fundamental na formação cidadã, sendo a base sobre a qual uma sociedade se desenvolve. Através da educação, os indivíduos adquirem conhecimentos, habilidades e valores que os capacitam a contribuir de forma positiva para a comunidade em que estão inseridos.

Papel da educação na formação cidadã

A formação cidadã proporcionada pela educação vai além do ensino de conteúdos acadêmicos. Ela também engloba a transmissão de valores éticos, o estímulo ao pensamento crítico e a promoção da participação ativa na sociedade. Através da educação, os cidadãos são preparados para exercerem seus direitos e deveres de forma consciente e responsável.

Impacto da educação na promoção da gentileza

A educação tem o poder de influenciar positivamente o comportamento das pessoas, promovendo a gentileza e o respeito mútuo. Ao ensinar valores como empatia, solidariedade e tolerância, a educação contribui para a construção de uma sociedade mais harmoniosa e colaborativa.

Você Sabia?

Educação como base da sociedade

Impacto da educação na promoção da gentileza

A educação tem o poder de influenciar positivamente o comportamento das pessoas, promovendo a gentileza e o respeito mútuo. Ao ensinar valores como empatia, solidariedade e tolerância, a educação contribui para a construção de uma sociedade mais harmoniosa e colaborativa.

Gentileza no ambiente educacional

O ambiente educacional é um espaço propício para a prática e promoção da gentileza. A interação entre alunos, professores e demais membros da comunidade escolar oferece inúmeras oportunidades para cultivar atitudes gentis e empáticas.

Relação entre gentileza e aprendizado

A gentileza no ambiente educacional não se limita apenas às relações interpessoais, mas também influencia diretamente o processo de aprendizado. Um ambiente escolar acolhedor e gentil favorece a concentração, a motivação dos alunos e a construção de vínculos positivos entre os membros da comunidade escolar.

Exemplos de gentileza em escolas e universidades

Nas escolas e universidades, é possível observar exemplos concretos de gentileza, como a colaboração entre colegas, a prática do voluntariado, a promoção de ações solidárias e o respeito à diversidade. Essas atitudes contribuem para a construção de um ambiente educacional mais acolhedor e enriquecedor.

Educação emocional e social

Além do aspecto acadêmico, a educação também desempenha um papel fundamental no desenvolvimento de habilidades emocionais e sociais dos indivíduos. Através da educação emocional e social, os alunos são preparados para lidar com suas emoções, estabelecer relações saudáveis e desenvolver a inteligência emocional.

Desenvolvimento de habilidades emocionais e sociais

A educação emocional e social engloba a promoção da empatia, da comunicação eficaz, do trabalho em equipe e da resolução pacífica de conflitos. Essas habilidades são essenciais para o desenvolvimento pessoal e para a construção de uma sociedade mais justa e equitativa.

Importância da gentileza na inteligência emocional

A prática da gentileza está intrinsecamente ligada à inteligência emocional, pois envolve a capacidade de compreender e responder de forma empática às emoções dos outros. Ao promover a gentileza, a educação contribui para o fortalecimento da inteligência emocional dos indivíduos, preparando-os para lidar com os desafios da vida de forma mais equilibrada e compassiva.

CAPÍTULO 3
A Arte de Cumprimentar com um Sorriso Caloroso
O impacto de um cumprimento caloroso

Cumprimentar alguém com um sorriso caloroso pode ter um impacto significativo nas interações sociais. O efeito positivo do cumprimento com sorriso vai além da simples expressão facial, pois demonstra uma atitude acolhedora e amigável. Esse gesto cria uma conexão emocional e social imediata, estabelecendo um clima positivo para a interação que se seguirá.

O sorriso é uma linguagem universal que transcende barreiras culturais e linguísticas. Ele é reconhecido em todo o mundo como um sinal de boas-vindas, simpatia e abertura. Quando acompanhado de um cumprimento, o sorriso transmite uma mensagem de respeito, consideração e interesse genuíno pela outra pessoa.

Técnicas para cumprimentar com gentileza

Para cumprimentar com gentileza, é importante considerar não apenas a expressão facial, mas também a linguagem corporal. Além do sorriso, é essencial manter contato visual, demonstrar postura aberta e utilizar gestos que reforcem a cordialidade do cumprimento.

A expressão facial deve ser natural e sincera, transmitindo calor humano e receptividade. É fundamental evitar expressões faciais tensas ou fechadas, que podem ser interpretadas como desinteresse ou desagrado. O sorriso deve alcançar os olhos, criando o que é comumente conhecido como "sorriso nos olhos", que denota autenticidade e empatia.

Quanto à linguagem corporal, é importante adotar uma postura relaxada e aberta, evitando cruzar os braços ou adotar uma postura rígida. Gestos como apertos de mão suaves e acolhedores também contribuem para a gentileza do cumprimento.

Cultura do cumprimento

As variações culturais de cumprimentos refletem a diversidade de tradições e costumes ao redor do mundo. Em algumas culturas, o cumprimento pode envolver abraços, beijos no rosto ou inclinações formais, enquanto em outras, um simples aperto de mão é considerado adequado.

Independentemente das diferenças culturais, o cumprimento desempenha um papel crucial na sociedade, pois é a forma inicial de estabelecer contato e demonstrar respeito mútuo. Ele contribui para a construção de relacionamentos pessoais e profissionais, além de promover a harmonia e a coesão social.

A importância do cumprimento na sociedade reside na sua capacidade de criar um ambiente acolhedor e inclusivo. Um cumprimento caloroso pode fazer com que as pessoas se sintam valorizadas, reconhecidas e bem-vindas, fortalecendo os laços comunitários e promovendo a empatia e a compreensão mútua.

CAPÍTULO 4

Beleza Além da Aparência: Altivez e Longos Cabelos Escuros
Altivez como expressão de beleza

A altivez é uma expressão de beleza que vai além da aparência física. Ela está relacionada à postura, elegância e confiança que uma pessoa transmite. A altivez reflete a capacidade de se destacar com dignidade e graciosidade, independentemente das circunstâncias.

Definição de altivez e elegância

A altivez pode ser definida como a qualidade de alguém que demonstra orgulho e dignidade, sem arrogância. É a capacidade de manter a compostura e a postura mesmo diante de desafios e adversidades. Já a elegância está relacionada à harmonia entre a postura, o comportamento e a maneira de se vestir, transmitindo refinamento e bom gosto.

Uma pessoa altiva e elegante é capaz de inspirar respeito e admiração, não apenas pela sua aparência, mas principalmente pela sua atitude e presença marcante.

Exemplos de altivez e postura

Grandes líderes ao longo da história, como Nelson Mandela e Mahatma Gandhi, são exemplos de altivez e postura. Mesmo diante de situações desafiadoras, mantiveram uma conduta firme, porém respeitosa, demonstrando uma elegância que transcendeu as barreiras culturais e sociais.

Além disso, figuras da realeza e personalidades do mundo artístico e cultural também são frequentemente associadas à altivez e elegância, mostrando como essas qualidades podem influenciar positivamente a percepção das pessoas.

Leitura Adicional
Beleza Além da Aparência: Altivez e Longos Cabelos Escuros
Altivez como expressão de beleza
Exemplos de altivez e postura

Grandes líderes ao longo da história, como Nelson Mandela e Mahatma Gandhi, são exemplos de altivez e postura. Mesmo diante de situações desafiadoras, mantiveram uma conduta firme, porém respeitosa, demonstrando uma elegância que transcendeu as barreiras culturais e sociais.

Além disso, figuras da realeza e personalidades do mundo artístico e cultural também são frequentemente associadas à altivez e elegância, mostrando como essas qualidades podem influenciar positivamente a percepção das pessoas.

Longos cabelos escuros como símbolo de beleza

Os longos cabelos escuros têm sido considerados um símbolo de beleza em diversas culturas ao redor do mundo. Eles carregam consigo significados e simbolismos que vão além da estética, refletindo aspectos culturais, históricos e até espirituais.

Cultural significado dos cabelos escuros

Em muitas culturas, os cabelos escuros são associados à juventude, vitalidade e mistério. Eles são vistos como uma expressão de beleza natural e, em alguns casos, são considerados um sinal de conexão com a natureza e a espiritualidade.

Além disso, em algumas tradições, os cabelos escuros são valorizados como parte da identidade étnica e cultural de um povo, representando a diversidade e a riqueza das origens.

Beleza e cuidados com os cabelos escuros

O cuidado com os cabelos escuros vai além da estética, envolvendo também a manutenção da saúde capilar. Produtos naturais, como óleos e extratos vegetais, são frequentemente utilizados para realçar a beleza dos cabelos escuros, mantendo-os brilhantes e sedosos.

Além disso, a valorização dos cabelos escuros como parte da identidade pessoal e cultural tem levado a um movimento de aceitação e empoderamento, incentivando as pessoas a se orgulharem de sua herança capilar e a celebrarem a diversidade de estilos e texturas.

CAPÍTULO 5

Encontros Inesquecíveis: Festas Juninas e Conversas Agradáveis

A magia das festas juninas

As festas juninas são celebradas em diversos países, especialmente no Brasil, Portugal e outros lugares com influência cultural portuguesa. Essas festas têm suas raízes nas tradições religiosas, mas ao longo do tempo se tornaram eventos culturais marcantes, repletos de alegria, danças, comidas típicas e muita animação.

Tradições e significados das festas juninas

As festas juninas são realizadas em homenagem a três santos católicos: Santo Antônio, São João e São Pedro. Cada santo é celebrado em um dia específico durante o mês de junho, e as festividades incluem fogueiras, danças folclóricas, quadrilhas, brincadeiras e a tradicional culinária junina, com pratos como canjica, milho verde, pé de moleque, entre outros.

Importância das festas juninas na cultura

Além de seu significado religioso, as festas juninas desempenham um papel fundamental na preservação e celebração da cultura popular. Elas promovem a união entre as comunidades, fortalecem as tradições locais e proporcionam momentos de diversão e alegria para pessoas de todas as idades.

Citações Famosas

"A beleza é a virtude da alma." - Aristóteles

"A gentileza é a essência da verdadeira educação." - Confúcio

"A humildade é a base de toda virtude." - Confúcio

Arte de manter conversas agradáveis

A habilidade de manter conversas agradáveis é essencial para estabelecer conexões significativas com outras pessoas. Uma conversa agradável pode criar laços, promover a compreensão mútua e enriquecer as relações interpessoais.

Habilidades de comunicação interpessoal

Para manter conversas agradáveis, é importante desenvolver habilidades de comunicação interpessoal, como a escuta ativa, a empatia, a capacidade de fazer perguntas abertas e demonstrar interesse genuíno pelo outro. Além disso, a linguagem corporal e a expressão facial desempenham um papel crucial na comunicação não verbal, complementando as palavras e transmitindo sentimentos e emoções.

Tópicos e abordagens para conversas agradáveis

Conversas agradáveis podem abordar uma variedade de tópicos, desde interesses em comum, experiências pessoais, até assuntos mais profundos, como sonhos, aspirações e reflexões sobre a vida. É importante criar um ambiente de confiança e respeito mútuo, onde as pessoas se sintam à vontade para compartilhar suas ideias e sentimentos sem receio de julgamento.

CAPÍTULO 6
Despertando Sentimentos: Além da Amizade
Explorando sentimentos além da amizade

Os relacionamentos humanos são complexos e multifacetados, e muitas vezes os sentimentos vão além da simples amizade. Nesta seção, vamos explorar a diferença entre a amizade e outros sentimentos, bem como identificar os sinais que indicam sentimentos mais profundos.

Diferença entre amizade e outros sentimentos

A amizade é um sentimento valioso que une as pessoas em laços de companheirismo, confiança e apoio mútuo. No entanto, existem outros sentimentos que podem surgir e se distinguir da amizade, como o amor romântico, a admiração profunda, a atração emocional, entre outros. A principal diferença reside na natureza e intensidade desses sentimentos, que muitas vezes envolvem uma conexão mais íntima e emocional do que a amizade.

Enquanto a amizade se baseia em afinidades, interesses comuns e respeito mútuo, os sentimentos além da amizade podem incluir uma atração física, uma conexão espiritual ou uma admiração singular que vai além do convívio amigável.

Sinais de sentimentos além da amizade

Identificar os sinais que indicam sentimentos mais profundos do que a amizade pode ser desafiador, mas existem alguns indicadores comuns a serem observados. Mudanças no comportamento, como um aumento da proximidade emocional, demonstrações de carinho mais intensas e um interesse mais profundo na vida da outra pessoa, podem ser sinais de que os sentimentos vão além da amizade.

Além disso, a presença de ciúmes, a necessidade de estar sempre próximo da outra pessoa e a vontade de compartilhar momentos íntimos e pessoais também podem indicar a presença de sentimentos mais complexos do que a amizade.

Leitura Adicional

Despertando Sentimentos: Além da Amizade
Explorando sentimentos além da amizade
Sinais de sentimentos além da amizade

Identificar os sinais que indicam sentimentos mais profundos do que a amizade pode ser desafiador, mas existem alguns indicadores comuns a serem observados. Mudanças no comportamento, como um aumento da proximidade emocional, demonstrações de carinho mais intensas e um interesse mais profundo na vida da outra pessoa, podem ser sinais de que os sentimentos vão além da amizade.

Além disso, a presença de ciúmes, a necessidade de estar sempre próximo da outra pessoa e a vontade de compartilhar momentos íntimos e pessoais também podem indicar a presença de sentimentos mais complexos do que a amizade.

Desafios e oportunidades

Quando sentimentos além da amizade surgem, é natural que tanto desafios quanto oportunidades acompanhem essa descoberta. Compreender a complexidade desses sentimentos e abordar os desafios que surgem é essencial para o desenvolvimento saudável dos relacionamentos.

Compreendendo a complexidade dos sentimentos

Os sentimentos além da amizade podem trazer consigo uma série de desafios emocionais e psicológicos. Lidar com a intensidade desses sentimentos, compreender as expectativas e limites de cada pessoa envolvida, e equilibrar as emoções são aspectos complexos que exigem autoconhecimento e maturidade emocional.

Além disso, a comunicação aberta e honesta se torna fundamental para compreender a complexidade dos sentimentos e garantir que ambos os envolvidos estejam alinhados em suas percepções e expectativas.

Abordando os desafios e oportunidades

Os desafios que surgem quando sentimentos além da amizade se manifestam podem ser transformados em oportunidades de crescimento pessoal e interpessoal. A capacidade de lidar com a vulnerabilidade, a empatia e a compreensão mútua são oportunidades valiosas para fortalecer os laços afetivos e promover relacionamentos saudáveis.

Além disso, a abertura para explorar novas formas de conexão, aprofundar a intimidade emocional e compartilhar experiências significativas podem enriquecer a jornada emocional e fortalecer os laços afetivos de maneira única e especial.

CAPÍTULO 7
Vidas e Experiências Diferentes: Um Olhar Sobre a Diversidade
Compreendendo a diversidade

A diversidade pode ser definida como a variedade de características que tornam as pessoas únicas. Essas características podem incluir, mas não se limitam a, origem étnica, cultural, religiosa, orientação sexual, identidade de gênero, habilidades físicas e mentais, entre outras. A diversidade se manifesta de diversas formas, e é fundamental compreendê-la para promover uma sociedade mais inclusiva e justa.

Definição de diversidade e suas formas

A diversidade se manifesta em inúmeras formas, refletindo a riqueza e complexidade da experiência humana. Ela pode ser observada na multiplicidade de etnias, culturas, línguas, tradições, crenças, capacidades, orientações e identidades. Cada indivíduo carrega consigo uma combinação única desses elementos, contribuindo para a diversidade do mundo em que vivemos.

Importância da diversidade na sociedade

A diversidade desempenha um papel crucial na sociedade, enriquecendo-a com perspectivas diversas, conhecimentos variados e experiências únicas. Ela promove a tolerância, o respeito mútuo e a compreensão entre os diferentes grupos, contribuindo para a construção de comunidades mais inclusivas e harmoniosas. Além disso, a diversidade estimula a criatividade, a inovação e o progresso, impulsionando o desenvolvimento social, cultural e econômico.

Retrato Biográfico
Vidas e Experiências Diferentes: Um Olhar Sobre a Diversidade
Compreendendo a diversidade
A diversidade desempenha um papel crucial na sociedade, enriquecendo-a com perspectivas diversas, conhecimentos variados e experiências únicas. Ela promove a tolerância, o respeito mútuo e a compreensão entre os diferentes grupos, contribuindo para a construção de comunidades mais inclusivas e harmoniosas. Além disso, a diversidade estimula a criatividade, a inovação e o progresso, impulsionando o desenvolvimento social, cultural e econômico.

Desafios e oportunidades
Embora a diversidade seja uma fonte de riqueza e vitalidade, também enfrenta desafios que requerem atenção e ação consciente por parte da sociedade. Superar preconceitos e estereótipos, bem como valorizar as diferenças e experiências, são passos fundamentais para promover um ambiente inclusivo e equitativo.

Superando preconceitos e estereótipos
Os preconceitos e estereótipos são obstáculos significativos para a plena valorização da diversidade. Eles podem levar à discriminação, exclusão e marginalização de grupos minoritários, prejudicando a coesão social e a igualdade de oportunidades. Superar essas barreiras requer educação, diálogo aberto, desconstrução de estereótipos e promoção da empatia e compreensão mútua.

Valorizando as diferenças e experiências

Valorizar as diferenças e experiências de cada indivíduo é essencial para construir uma sociedade mais justa e inclusiva. Isso envolve reconhecer e celebrar a diversidade em todas as suas formas, promovendo a igualdade de oportunidades, o respeito mútuo e a valorização das contribuições de cada pessoa para o bem-estar coletivo. Ao reconhecer a importância da diversidade, podemos criar um ambiente onde todos se sintam respeitados, representados e valorizados.

CAPÍTULO 8

A Mudança e a Ausência: Lembranças de uma Pantera Encantadora

Impacto da mudança

A vida é repleta de mudanças, e cada mudança traz consigo a necessidade de adaptação a novos cenários e realidades. Seja uma mudança de localidade, de emprego, de relacionamento ou de perspectiva, a capacidade de se ajustar a essas transformações é essencial para o crescimento pessoal. A mudança pode ser desafiadora, mas também oferece oportunidades para o desenvolvimento e a descoberta de novos horizontes.

Refletir sobre as transformações pessoais que acompanham a mudança é fundamental para compreender o impacto que essas experiências têm em nossa jornada. Cada mudança traz consigo lições valiosas, e a capacidade de absorver essas lições é uma habilidade que nos permite evoluir e amadurecer.

Adaptação a novos cenários e realidades

A adaptação a novos cenários e realidades requer flexibilidade e abertura para novas experiências. Muitas vezes, somos desafiados a sair da nossa zona de conforto e a enfrentar o desconhecido. Nesses momentos, é importante cultivar a resiliência e a coragem para explorar o novo e o inesperado. A capacidade de se adaptar a diferentes ambientes e circunstâncias é uma habilidade valiosa que nos permite expandir nossos horizontes e ampliar nossa compreensão do mundo.

Além disso, a adaptação a novos cenários e realidades nos oferece a oportunidade de desenvolver novas habilidades e competências. Ao nos expormos a novos desafios, somos incentivados a aprender, crescer e nos reinventar. A mudança, portanto, é um catalisador para o desenvolvimento pessoal e profissional.

Reflexão sobre as transformações pessoais

Refletir sobre as transformações pessoais que acompanham a mudança nos permite compreender melhor quem somos e quem desejamos nos tornar. Cada experiência de mudança deixa uma marca em nossa jornada, e é essencial reconhecer e integrar essas transformações em nossa identidade. A reflexão nos ajuda a identificar padrões de comportamento, crenças e valores que podem estar mudando, e nos dá a oportunidade de alinhar nossa vida com nossas aspirações mais profundas.

Além disso, a reflexão sobre as transformações pessoais nos permite reconhecer o progresso que fizemos e as lições que aprendemos ao longo do caminho. Essa consciência nos fortalece e nos prepara para enfrentar novos desafios com sabedoria e maturidade.

Leitura Adicional

A Mudança e a Ausência: Lembranças de uma Pantera Encantadora

Impacto da mudança

Refletir sobre as transformações pessoais que acompanham a mudança nos permite compreender melhor quem somos e quem desejamos nos tornar. Cada experiência de mudança deixa uma marca em nossa jornada, e é essencial reconhecer e integrar essas transformações em nossa identidade. A reflexão nos ajuda a identificar padrões de comportamento, crenças e valores que podem estar mudando, e nos dá a oportunidade de alinhar nossa vida com nossas aspirações mais profundas.

Além disso, a reflexão sobre as transformações pessoais nos permite reconhecer o progresso que fizemos e as lições que aprendemos ao longo do caminho. Essa consciência nos fortalece e nos prepara para enfrentar novos desafios com sabedoria e maturidade.

Lidando com a ausência

A ausência de alguém especial pode ser uma das experiências mais desafiadoras que enfrentamos ao longo de nossas vidas. Lidar com a ausência requer tempo, compreensão e aceitação. É um processo que envolve lidar com a dor da perda e preservar as memórias e lembranças que mantemos da pessoa querida. A ausência pode nos ensinar lições profundas sobre amor, conexão e resiliência, e nos convida a honrar o legado daqueles que já não estão fisicamente presentes em nossas vidas.

Processo de lidar com a ausência de alguém especial

O processo de lidar com a ausência de alguém especial é único para cada indivíduo. Cada pessoa enfrenta a perda de maneira diferente, e é importante respeitar o próprio tempo e as próprias emoções nesse processo. A expressão da dor, a busca por apoio emocional e a prática de rituais de despedida são formas saudáveis de lidar com a ausência e iniciar o processo de cura.

Além disso, é fundamental reconhecer que a ausência de alguém especial pode desencadear uma variedade de emoções, incluindo tristeza, saudade, raiva e até mesmo alívio. Cada uma dessas emoções é legítima e faz parte do processo de luto. Permitir-se sentir e expressar essas emoções é um passo importante para a recuperação emocional.

Preservando memórias e lembranças

Preservar memórias e lembranças é uma maneira poderosa de manter viva a presença daqueles que já não estão fisicamente conosco. Fotografias, objetos pessoais, histórias compartilhadas e rituais de homenagem são formas de honrar a memória e o legado da pessoa querida. Além disso, preservar memórias e lembranças nos ajuda a encontrar conforto e significado na experiência da perda, e nos permite celebrar a vida e o impacto positivo que a pessoa teve em nossas vidas.

É importante lembrar que a ausência não apaga o amor e a conexão que compartilhamos com aqueles que perdemos. Ao preservar memórias e lembranças, estamos cultivando um legado de amor e gratidão que perdurará além da ausência física.

CAPÍTULO 9
A Busca pela Felicidade: Reflexões e Desejos
Definindo a felicidade

A felicidade é um conceito multifacetado que tem sido objeto de reflexão e estudo ao longo da história da humanidade. Diversas perspectivas filosóficas, psicológicas e culturais contribuem para a compreensão desse estado emocional tão almejado. Para alguns, a felicidade está associada à realização de desejos e conquistas materiais, enquanto para outros, ela reside na paz interior e no equilíbrio emocional.

Perspectivas sobre a felicidade

As perspectivas sobre a felicidade variam amplamente de acordo com a visão de mundo de cada indivíduo. Alguns filósofos, como Aristóteles, acreditavam que a felicidade estava intrinsecamente ligada à busca pela virtude e pela realização do potencial humano. Já correntes mais contemporâneas, como o positivismo, enfatizam a importância do otimismo e da gratidão como pilares para a conquista da felicidade.

Fatores que contribuem para a felicidade

Diversos fatores têm sido identificados como contribuintes para a sensação de felicidade. Relacionamentos interpessoais saudáveis, senso de propósito e significado na vida, saúde física e mental, autenticidade e conexão com os outros, além do cultivo de emoções positivas, são alguns dos elementos que podem influenciar a busca e manutenção da felicidade.

Fatos e Estatísticas Rápidos

Definindo a felicidade

Fatores que contribuem para a felicidade

Diversos fatores têm sido identificados como contribuintes para a sensação de felicidade. Relacionamentos interpessoais saudáveis, senso de propósito e significado na vida, saúde física e mental, autenticidade e conexão com os outros, além do cultivo de emoções positivas, são alguns dos elementos que podem influenciar a busca e manutenção da felicidade.

Reflexões sobre a busca pela felicidade

A jornada em busca da felicidade é permeada por desafios e obstáculos que podem dificultar a conquista desse estado de bem-estar. Pressões sociais, expectativas pessoais, adversidades cotidianas e até mesmo questões existenciais podem se apresentar como barreiras nesse caminho. No entanto, é importante ressaltar que a busca pela felicidade não se resume apenas à superação de obstáculos, mas também à identificação e cultivo de desejos e aspirações que alimentem a jornada pessoal em direção a esse estado emocional desejado.

Desafios e obstáculos na busca pela felicidade

Os desafios na busca pela felicidade podem se manifestar de diversas formas, desde a pressão por padrões de sucesso pré-estabelecidos pela sociedade até a luta contra a autocrítica e a busca por aceitação pessoal. Além disso, eventos inesperados e momentos de adversidade podem abalar a estabilidade emocional e desencadear questionamentos sobre a própria capacidade de alcançar a felicidade.

Importância de desejos e aspirações na jornada pela felicidade

Os desejos e aspirações desempenham um papel fundamental na jornada pela felicidade, pois são eles que direcionam as ações e escolhas de um indivíduo. Ao identificar e cultivar desejos alinhados com seus valores e propósito de vida, uma pessoa pode encontrar motivação e inspiração para perseguir a felicidade de forma autêntica e significativa.

CAPÍTULO 10

A Jornada da Moça Bela: Caminhos da Beleza, Gentileza e Humildade

Origens da jornada

A jornada da moça bela em direção à beleza, gentileza e humildade tem suas raízes profundamente entrelaçadas com seu contexto familiar e cultural. Desde tenra idade, a moça foi imersa em um ambiente que valorizava a cortesia, a compaixão e a humildade. Seus pais, figuras de grande influência, foram exemplos vivos dessas virtudes, transmitindo-as de geração em geração.

Além disso, as influências iniciais que moldaram a jornada da moça bela foram encontradas em histórias inspiradoras de figuras notáveis que personificavam a beleza interior, a gentileza e a humildade. Essas narrativas serviram como faróis, iluminando o caminho da moça e incutindo nela um profundo desejo de seguir esses nobres princípios em sua própria jornada.

Desenvolvimento da beleza interior

O cultivo da gentileza e humildade tornou-se uma busca constante na jornada da moça bela. Através de atos de bondade, palavras de encorajamento e gestos de compaixão, ela procurou nutrir a beleza interior que acreditava ser a verdadeira essência da sua jornada. A prática diária dessas virtudes não apenas a transformou, mas também impactou positivamente aqueles ao seu redor, criando um ciclo de influência benéfica.

O impacto da beleza interior na jornada pessoal da moça bela foi profundo e transformador. Sua abordagem compassiva e humilde diante dos desafios e triunfos da vida não apenas a fortaleceu, mas também inspirou outros a seguirem um caminho semelhante. Sua jornada tornou-se uma fonte de inspiração, demonstrando que a verdadeira beleza reside na gentileza e humildade que ela incorpora em sua jornada diária.

CAPÍTULO 11
A Elegância da Gentileza: Comportamento e Etiqueta
Comportamento elegante

O comportamento elegante vai muito além da aparência física. Ele está intrinsecamente ligado à forma como nos relacionamos com os outros e como demonstramos cortesia e respeito em nossas interações diárias. A elegância da gentileza se manifesta através de atitudes que refletem empatia, compaixão e consideração pelo próximo.

Demonstrando cortesia e respeito

A cortesia e o respeito são pilares fundamentais do comportamento elegante. Isso inclui tratar as pessoas com educação, utilizando palavras como "por favor" e "obrigado", além de demonstrar interesse genuíno pelo bem-estar dos outros. A capacidade de ouvir atentamente e responder de forma respeitosa contribui significativamente para a elegância do comportamento.

Além disso, a gentileza nas palavras e ações, mesmo em situações desafiadoras, é uma marca de verdadeira elegância. A capacidade de manter a compostura e responder com calma e respeito em momentos de conflito demonstra um elevado nível de maturidade emocional e social.

Praticando a empatia e compaixão

A empatia e a compaixão são essenciais para a elegância da gentileza. A capacidade de se colocar no lugar do outro, compreendendo suas emoções e perspectivas, é um sinal de profunda consideração pelo próximo. A empatia nos permite estabelecer conexões significativas e fortalecer os laços interpessoais, contribuindo para um convívio mais harmonioso e enriquecedor.

Da mesma forma, a compaixão nos impulsiona a agir em prol do bem-estar alheio, oferecendo suporte e solidariedade em momentos de necessidade. A prática da compaixão eleva o comportamento a um nível de refinamento e nobreza, demonstrando uma preocupação genuína com o sofrimento e a felicidade dos outros.

Retrato Biográfico
A Elegância da Gentileza: Comportamento e Etiqueta
Comportamento elegante
Praticando a empatia e compaixão

A empatia e a compaixão são essenciais para a elegância da gentileza. A capacidade de se colocar no lugar do outro, compreendendo suas emoções e perspectivas, é um sinal de profunda consideração pelo próximo. A empatia nos permite estabelecer conexões significativas e fortalecer os laços interpessoais, contribuindo para um convívio mais harmonioso e enriquecedor.

Da mesma forma, a compaixão nos impulsiona a agir em prol do bem-estar alheio, oferecendo suporte e solidariedade em momentos de necessidade. A prática da compaixão eleva o comportamento a um nível de refinamento e nobreza, demonstrando uma preocupação genuína com o sofrimento e a felicidade dos outros.

Etiqueta social

A etiqueta social abrange as normas e protocolos que regem o convívio em sociedade. Ela representa um conjunto de regras não escritas que orientam as interações e comportamentos em diferentes contextos, desde eventos formais até situações cotidianas. A compreensão e prática da etiqueta social são fundamentais para a construção de relacionamentos saudáveis e para a projeção de uma imagem positiva.

Normas e protocolos sociais

As normas e protocolos sociais variam de acordo com o contexto cultural e situacional, mas compartilham princípios comuns de respeito, consideração e cortesia. Isso pode incluir cumprimentar as pessoas de forma adequada, respeitar o espaço pessoal, seguir regras de vestimenta em determinados ambientes, entre outros aspectos que contribuem para a harmonia e o respeito mútuo.

Além disso, a etiqueta social também abrange o uso adequado da linguagem, a postura corporal e a atenção às convenções sociais específicas, como a forma de se comportar à mesa durante uma refeição formal. O domínio dessas normas e protocolos reflete um alto grau de refinamento e consideração pelo bem-estar dos outros.

Importância da etiqueta no convívio social

A prática da etiqueta no convívio social é fundamental para estabelecer relações interpessoais positivas e duradouras. Ela contribui para a criação de um ambiente acolhedor e respeitoso, onde as pessoas se sentem valorizadas e compreendidas. Além disso, a etiqueta social promove a harmonia e a cooperação em diferentes contextos, fortalecendo os laços comunitários e a coesão social.

Ao adotar a etiqueta social em suas interações, as pessoas demonstram um alto grau de consideração e respeito pelo próximo, refletindo a elegância da gentileza em suas ações e comportamentos. A prática constante da etiqueta social contribui para a construção de uma sociedade mais empática, solidária e harmoniosa.

CAPÍTULO 12

A Importância da Autoconfiança e Autoestima

Autoconfiança

A autoconfiança é um elemento essencial para o desenvolvimento pessoal e a realização de objetivos. Ela se refere à crença em si mesmo, em suas habilidades e capacidades para lidar com desafios e alcançar o sucesso. O desenvolvimento da autoconfiança é um processo contínuo que envolve a construção de uma mentalidade positiva e a superação de obstáculos internos.

Desenvolvimento da autoconfiança

O desenvolvimento da autoconfiança começa com a consciência de suas próprias forças e habilidades. É importante reconhecer suas conquistas passadas e os desafios que você superou. Além disso, a definição de metas realistas e a busca por novos desafios podem ajudar a fortalecer a autoconfiança. A prática da autodisciplina e a manutenção de uma atitude positiva também desempenham um papel crucial no desenvolvimento da autoconfiança.

Outro aspecto importante é a aceitação de falhas e erros como oportunidades de aprendizado. Ao encarar os desafios como parte natural do processo de crescimento, é possível fortalecer a resiliência e a confiança em si mesmo. A busca por feedback construtivo e a disposição para melhorar constantemente também contribuem significativamente para o desenvolvimento da autoconfiança.

Superando a insegurança

A insegurança pode ser um obstáculo significativo para a autoconfiança. Identificar as origens da insegurança e trabalhar para superá-las é fundamental para fortalecer a autoconfiança. Isso pode envolver a identificação e a desconstrução de pensamentos negativos, a prática da autocompaixão e a busca por apoio emocional quando necessário. O desenvolvimento da autoconfiança também pode se beneficiar da busca por modelos inspiradores e mentores que possam oferecer orientação e encorajamento.

Retrato Biográfico

A Importância da Autoconfiança e Autoestima

Autoconfiança

Superando a insegurança

A insegurança pode ser um obstáculo significativo para a autoconfiança. Identificar as origens da insegurança e trabalhar para superá-las é fundamental para fortalecer a autoconfiança. Isso pode envolver a identificação e a desconstrução de pensamentos negativos, a prática da autocompaixão e a busca por apoio emocional quando necessário. O desenvolvimento da autoconfiança também pode se beneficiar da busca por modelos inspiradores e mentores que possam oferecer orientação e encorajamento.

Autoestima

A autoestima refere-se à avaliação subjetiva que uma pessoa faz de si mesma. Ela influencia a forma como nos vemos, como nos relacionamos com os outros e como enfrentamos os desafios da vida. A autoestima saudável é caracterizada por uma atitude positiva em relação a si mesmo, uma sensação de autovalorização e respeito próprio.

Fatores que influenciam a autoestima

A autoestima pode ser influenciada por uma variedade de fatores, incluindo experiências passadas, interações sociais, padrões culturais e autoimagem. Experiências de rejeição, abuso ou fracassos anteriores podem impactar negativamente a autoestima, assim como a exposição a padrões irreais de beleza e sucesso na sociedade. A autoimagem também desempenha um papel significativo, pois a forma como nos percebemos pode afetar diretamente nossa autoestima.

Além disso, a autoestima pode ser moldada pela forma como os outros nos tratam e nos avaliam. Comentários negativos, críticas constantes e situações de bullying podem prejudicar a autoestima. Por outro lado, o apoio, a validação e o reconhecimento positivo podem contribuir para o fortalecimento da autoestima.

Promovendo a autoaceitação e amor-próprio

Promover a autoaceitação e o amor-próprio é essencial para o desenvolvimento de uma autoestima saudável. Isso envolve a prática da autocompaixão, o reconhecimento e a valorização de suas próprias qualidades e a celebração de suas conquistas, por menores que sejam. Além disso, a busca por atividades que tragam alegria, satisfação e realização pessoal pode contribuir significativamente para a promoção da autoestima.

O cultivo de relacionamentos saudáveis e o estabelecimento de limites pessoais claros também são importantes para promover a autoestima. A busca por ajuda profissional, quando necessário, pode oferecer suporte adicional no processo de fortalecimento da autoestima.

CAPÍTULO 13
A Beleza da Simplicidade e Humildade
Valor da simplicidade

A simplicidade é uma virtude que nos convida a apreciar as pequenas coisas da vida. Muitas vezes, estamos tão imersos em nossas rotinas agitadas que deixamos passar despercebidos os momentos simples e belos que estão ao nosso redor. Apreciar as pequenas coisas nos permite encontrar alegria e gratidão no dia a dia, tornando a vida mais significativa e plena.

Além disso, a simplicidade nos ensina o desapego material, a valorizar mais as experiências do que as posses. Ao compreender que a felicidade não está necessariamente ligada a bens materiais, somos capazes de viver com mais leveza e contentamento, focando no que realmente importa: os relacionamentos, as experiências e o crescimento pessoal.

Importância da humildade

A humildade é uma qualidade essencial que nos permite reconhecer as nossas próprias limitações e fragilidades. Ao compreender que não somos perfeitos e que estamos em constante aprendizado, abrimos espaço para o crescimento pessoal e para a empatia em relação aos outros. A humildade nos torna mais receptivos às críticas construtivas e nos ajuda a lidar com os desafios de forma mais equilibrada.

Praticar a humildade no dia a dia envolve agir com gentileza, respeito e consideração com todos ao nosso redor, independentemente de sua posição social, econômica ou cultural. A humildade nos lembra que somos todos iguais em nossa humanidade, e que cada indivíduo merece ser tratado com dignidade e compaixão.

CAPÍTULO 14

A Arte de Encantar: Atraindo a Atenção com Gentileza

Encantando com palavras e ações

A gentileza é uma qualidade que pode ser expressa de diversas formas, e uma delas é através das palavras e ações. Expressões de cortesia e gratidão são fundamentais para encantar e cativar as pessoas ao nosso redor.

Quando utilizamos palavras gentis, como "por favor" e "obrigado", demonstramos respeito e consideração pelo próximo. Além disso, expressar gratidão pelas pequenas gentilezas recebidas fortalece os laços interpessoais e cria um ambiente mais acolhedor e positivo.

Nossas ações também têm o poder de encantar. Um gesto de ajuda, um sorriso sincero, ou mesmo um simples elogio podem fazer toda a diferença no dia de alguém. Ao praticarmos atitudes gentis no nosso cotidiano, estamos contribuindo para um mundo mais amável e acolhedor.

A importância do carisma

O carisma pessoal é uma qualidade que pode influenciar significativamente as relações interpessoais. Desenvolver o carisma envolve aprimorar habilidades de comunicação, empatia e autenticidade.

Uma pessoa carismática tem a capacidade de atrair a atenção e o interesse dos outros de forma natural. Isso se deve à sua habilidade de se conectar emocionalmente, transmitir confiança e inspirar os que estão ao seu redor.

O impacto do carisma nas relações interpessoais é notável. Pessoas carismáticas tendem a estabelecer conexões mais profundas e significativas, sendo capazes de influenciar positivamente o ambiente em que estão inseridas.

CAPÍTULO 15
A Beleza da Compaixão e Empatia
Significado e importância da compaixão

A compaixão é um sentimento profundo de empatia pelos outros, acompanhado pelo desejo de aliviar o sofrimento alheio. É a capacidade de reconhecer e se sensibilizar com as dificuldades e dores das pessoas ao nosso redor. A compaixão nos leva a agir de maneira solidária e a buscar formas de ajudar aqueles que estão passando por momentos difíceis.

Definição de compaixão

A compaixão vai além da simples simpatia ou pena. Ela envolve a disposição genuína de compreender e apoiar o próximo, independentemente de suas circunstâncias. A compaixão nos motiva a agir em prol do bem-estar dos outros, promovendo a empatia e a solidariedade em nossas relações interpessoais.

Impacto positivo da compaixão nas relações

A prática da compaixão fortalece os laços de confiança e cooperação entre as pessoas. Quando somos compassivos, criamos um ambiente de acolhimento e compreensão mútua, contribuindo para a construção de relacionamentos saudáveis e empáticos. Além disso, a compaixão promove a harmonia e a paz nas interações sociais, gerando um impacto positivo em nossa comunidade e sociedade como um todo.

Retrato Biográfico

A Beleza da Compaixão e Empatia

Significado e importância da compaixão

Impacto positivo da compaixão nas relações

A prática da compaixão fortalece os laços de confiança e cooperação entre as pessoas. Quando somos compassivos, criamos um ambiente de acolhimento e compreensão mútua, contribuindo para a construção de relacionamentos saudáveis e empáticos. Além disso, a compaixão promove a harmonia e a paz nas interações sociais, gerando um impacto positivo em nossa comunidade e sociedade como um todo.

Desenvolvendo empatia

A empatia é a capacidade de se colocar no lugar do outro, compreendendo seus sentimentos, pensamentos e experiências. É a habilidade de reconhecer a perspectiva alheia e responder de forma sensível e compassiva. Desenvolver a empatia nos permite estabelecer conexões mais profundas e significativas com as pessoas ao nosso redor, promovendo um ambiente de compreensão e apoio mútuo.

Praticando a escuta ativa

A escuta ativa é uma ferramenta fundamental para o desenvolvimento da empatia. Ao praticar a escuta ativa, dedicamos atenção plena ao que a outra pessoa está comunicando, demonstrando interesse genuíno em compreender suas emoções e necessidades. Através da escuta ativa, somos capazes de oferecer suporte e conforto, fortalecendo os laços de empatia e compaixão em nossas relações.

Colocando-se no lugar do outro

Colocar-se no lugar do outro requer a capacidade de imaginar-se nas circunstâncias e vivências da outra pessoa. Essa prática nos permite enxergar além de nossas próprias perspectivas, ampliando nossa compreensão e sensibilidade em relação aos desafios e alegrias alheias. Ao nos colocarmos no lugar do outro, fortalecemos nossa empatia e promovemos um ambiente de acolhimento e compreensão mútua.

CAPÍTULO 16

A Beleza Interior: Cultivando a Bondade e a Generosidade
Cultivando a bondade

A bondade é uma qualidade que pode ser cultivada através de pequenos atos diários. Ao praticar a bondade, estamos contribuindo para um ambiente mais positivo e acolhedor ao nosso redor. Pequenos gestos de bondade podem ter um impacto significativo, tanto para quem os recebe quanto para quem os pratica.

Pequenos atos de bondade

Os pequenos atos de bondade podem incluir desde um simples sorriso para um estranho até gestos mais elaborados, como ajudar alguém em necessidade. Ajudar um colega de trabalho com uma tarefa, segurar a porta para alguém, ou oferecer palavras de encorajamento são exemplos de pequenos atos de bondade que podem fazer a diferença no dia de alguém.

Além disso, a empatia e a compaixão são fundamentais para a prática da bondade. Colocar-se no lugar do outro e tentar compreender suas dificuldades nos permite agir com mais gentileza e compreensão.

Impacto da bondade no bem-estar emocional

A prática da bondade não beneficia apenas aqueles que a recebem, mas também traz inúmeros benefícios para quem a pratica. Estudos têm demonstrado que atos de bondade podem aumentar a sensação de bem-estar emocional, reduzir o estresse e promover sentimentos de gratidão e satisfação pessoal.

Além disso, a bondade pode fortalecer os laços interpessoais, criando um senso de comunidade e pertencimento. Ao praticar a bondade, estamos contribuindo para a construção de relações mais saudáveis e significativas em nossa vida.

Você Sabia?

A prática da bondade não beneficia apenas aqueles que a recebem, mas também traz inúmeros benefícios para quem a pratica. Estudos têm demonstrado que atos de bondade podem aumentar a sensação de bem-estar emocional, reduzir o estresse e promover sentimentos de gratidão e satisfação pessoal.

Além disso, a bondade pode fortalecer os laços interpessoais, criando um senso de comunidade e pertencimento. Ao praticar a bondade, estamos contribuindo para a construção de relações mais saudáveis e significativas em nossa vida.

Praticando a generosidade

A generosidade vai além de simplesmente compartilhar recursos materiais. Envolve também a disposição de compartilhar tempo, atenção e afeto com os outros. Ao praticar a generosidade, estamos exercitando a empatia e a solidariedade, promovendo um impacto positivo tanto em nossa vida quanto na vida daqueles ao nosso redor.

Compartilhando recursos e tempo

Compartilhar recursos materiais, como doações para instituições de caridade, ou compartilhar tempo, oferecendo-se como voluntário em projetos sociais, são formas concretas de praticar a generosidade. Além disso, reservar um tempo para ouvir alguém que precisa desabafar ou oferecer apoio emocional também é uma maneira valiosa de ser generoso.

A generosidade pode se manifestar de diversas formas, desde um gesto material até uma atenção dedicada a alguém que precisa de apoio. Cada ato de generosidade contribui para a construção de uma sociedade mais solidária e empática.

Benefícios pessoais da generosidade

Além de beneficiar aqueles que recebem a generosidade, quem a pratica também colhe frutos positivos. A generosidade promove um senso de propósito e significado, aumenta a autoestima e fortalece a conexão com os outros. Sentir-se capaz de contribuir para o bem-estar de alguém traz uma sensação de realização e satisfação pessoal.

Além disso, a prática da generosidade pode contribuir para a redução do estresse e ansiedade, promovendo um estado emocional mais equilibrado e saudável. Ao exercitar a generosidade, estamos fortalecendo nossa capacidade de empatia e solidariedade, contribuindo para um mundo mais acolhedor e compassivo.

CAPÍTULO 17

A Moça Bela como uma Pantera em Minha Lembrança

A gentileza e beleza da moça

A moça em questão era um verdadeiro exemplo de gentileza e beleza interior. Sua maneira de tratar as pessoas ao seu redor era sempre marcada pela delicadeza e compaixão. Ela tinha o dom de enxergar a beleza nas pequenas coisas e de transmitir um sentimento de acolhimento a todos que cruzavam seu caminho.

Sua beleza não se limitava à aparência física, mas emanava de sua essência, refletindo-se em suas ações e palavras. A forma como ela irradiava bondade e empatia era verdadeiramente inspiradora, deixando uma marca indelével nos corações daqueles que tiveram a sorte de conhecê-la.

O impacto da presença da moça na vida do autor foi profundo e transformador. Suas atitudes gentis e sua beleza interior serviram como um farol, iluminando o caminho do autor em momentos de escuridão. A simples lembrança de seus gestos afetuosos trazia conforto e esperança, mostrando que a gentileza e a beleza interior têm o poder de tocar vidas de maneira extraordinária.

A lembrança da moça como uma Pantera

A comparação da moça com uma Pantera vai além da mera analogia. Assim como a Pantera, ela possuía uma força interior e uma graça inigualáveis. Sua determinação e coragem diante dos desafios da vida lembravam a elegância e a destreza desse majestoso felino.

Além disso, a comparação também remete à agilidade e à astúcia da moça, características que a tornavam única e admirável. Sua capacidade de enfrentar os obstáculos com graciosidade e firmeza assemelhava-se à postura imponente da Pantera, sempre pronta para defender o que acreditava e para enfrentar as adversidades com bravura.

A lembrança da moça como uma Pantera continua a influenciar o autor, inspirando-o a cultivar a mesma força interior e a mesma elegância diante da vida. A imagem da Pantera, associada à lembrança da moça, serve como um lembrete constante do poder da resiliência e da graciosidade, mesmo nos momentos mais desafiadores.

CAPÍTULO 18
Cultivando Boas Memórias
Importância das boas memórias

A importância das boas memórias na vida de uma pessoa é inestimável. As boas lembranças têm um impacto positivo significativo no bem-estar emocional e psicológico, contribuindo para a construção de uma vida mais feliz e satisfatória.

Impacto positivo das boas memórias

As boas memórias têm o poder de trazer conforto, alegria e esperança. Elas nos permitem reviver momentos especiais, reacender sentimentos de felicidade e gratidão, e proporcionar um senso de pertencimento e significado em nossas vidas. Além disso, as boas lembranças podem servir como um refúgio emocional durante períodos difíceis, oferecendo alívio e força interior.

Estudos têm demonstrado que a evocação de boas memórias pode reduzir o estresse, promover a resiliência emocional e melhorar a saúde mental. Elas também desempenham um papel crucial na promoção de emoções positivas, fortalecendo os laços sociais e contribuindo para uma visão mais otimista da vida.

Como as boas memórias influenciam a felicidade

A influência das boas memórias na felicidade é profunda. Ao relembrar momentos felizes e significativos, somos capazes de experimentar uma sensação de contentamento e satisfação. As boas lembranças nos lembram das coisas boas da vida, ajudando-nos a valorizar as experiências positivas e a manter uma perspectiva otimista, mesmo diante de desafios e adversidades.

Além disso, as boas memórias contribuem para a construção de um senso de identidade e autoestima saudável. Elas nos permitem reconhecer nossas conquistas, momentos de alegria e conexões significativas, fortalecendo nossa autoconfiança e senso de propósito.

Cultivando Boas Memórias
Importância das boas memórias
Como as boas memórias influenciam a felicidade

A influência das boas memórias na felicidade é profunda. Ao relembrar momentos felizes e significativos, somos capazes de experimentar uma sensação de contentamento e satisfação. As boas lembranças nos lembram das coisas boas da vida, ajudando-nos a valorizar as experiências positivas e a manter uma perspectiva otimista, mesmo diante de desafios e adversidades.

Além disso, as boas memórias contribuem para a construção de um senso de identidade e autoestima saudável. Elas nos permitem reconhecer nossas conquistas, momentos de alegria e conexões significativas, fortalecendo nossa autoconfiança e senso de propósito.

Pense e Reflita

Importância de valorizar as boas memórias

As boas memórias têm um papel fundamental em nossa felicidade e bem-estar. Ao cultivar e valorizar essas lembranças, estamos fortalecendo nossa capacidade de enfrentar desafios e adversidades, mantendo uma perspectiva otimista e construindo uma autoestima saudável. Reflita sobre as boas memórias que você tem e como elas influenciam sua vida diária.

Criação de boas memórias

Embora as boas memórias sejam frequentemente associadas a eventos especiais e momentos marcantes, é possível cultivar ativamente novas lembranças positivas em nossas vidas. A criação de boas memórias requer atenção, intencionalidade e abertura para novas experiências.

Atividades para criar boas memórias

Existem inúmeras maneiras de criar boas memórias, desde pequenos momentos cotidianos até aventuras extraordinárias. Algumas atividades que podem contribuir para a formação de boas lembranças incluem viagens, encontros com amigos e familiares, prática de hobbies, participação em eventos culturais, voluntariado, prática de esportes e atividades ao ar livre.

Além disso, momentos simples, como cozinhar em família, assistir a um pôr do sol, ler um bom livro, ouvir música, praticar meditação e desfrutar de refeições compartilhadas, também têm o potencial de se tornarem preciosas lembranças que enriquecem nossa vida diária.

Compartilhando boas memórias com os outros

Compartilhar boas memórias com os outros é uma forma poderosa de fortalecer laços afetivos e criar um senso de comunidade e pertencimento. Ao compartilhar experiências positivas, estamos não apenas fortalecendo nossos relacionamentos, mas também multiplicando a alegria e o significado das lembranças.

Seja por meio de conversas, álbuns de fotos, vídeos ou celebrações especiais, compartilhar boas memórias nos permite reviver momentos especiais, fortalecer conexões emocionais e criar um legado de amor, alegria e gratidão que perdurará ao longo do tempo.

CAPÍTULO 19
Reflexões Sobre o Livro
Impacto do livro

Ao longo da leitura deste livro, pude perceber o impacto significativo que a abordagem da beleza, gentileza e humildade teve na minha percepção e compreensão desses temas. Através das histórias, exemplos e reflexões apresentadas, fui levado a refletir sobre a importância desses valores em minha própria vida e na sociedade em geral.

Como o livro influencia a percepção da beleza e gentileza

O livro proporcionou uma nova perspectiva sobre a beleza, mostrando que ela vai muito além da aparência física. Através das narrativas e análises, pude compreender a beleza interior, aquela que se manifesta através da gentileza, humildade, compaixão e empatia. Isso me fez perceber que a verdadeira beleza está enraizada nas atitudes e no caráter das pessoas, e não apenas na sua estética.

Além disso, a gentileza e a humildade foram apresentadas como virtudes essenciais, capazes de transformar as relações interpessoais e promover um ambiente mais acolhedor e positivo. Aprendi a valorizar mais essas qualidades e a reconhecer sua importância no convívio social e profissional.

Reflexão sobre as lições aprendidas

As lições aprendidas com a leitura deste livro foram profundas e impactantes. Aprendi a enxergar a beleza de uma maneira mais abrangente, a valorizar a gentileza em minhas interações diárias e a cultivar a humildade como uma virtude fundamental em minha jornada pessoal.

Além disso, as histórias inspiradoras e os exemplos de compaixão, empatia e generosidade me motivaram a buscar formas de aplicar esses valores em minha própria vida, contribuindo para um mundo mais amoroso e compassivo.

Pense e Reflita
Impacto do livro
Reflexão sobre as lições aprendidas

As lições aprendidas com a leitura deste livro foram profundas e impactantes. Aprendi a enxergar a beleza de uma maneira mais abrangente, a valorizar a gentileza em minhas interações diárias e a cultivar a humildade como uma virtude fundamental em minha jornada pessoal.

Além disso, as histórias inspiradoras e os exemplos de compaixão, empatia e generosidade me motivaram a buscar formas de aplicar esses valores em minha própria vida, contribuindo para um mundo mais amoroso e compassivo.

Aplicação prática

Ao refletir sobre as lições e insights obtidos com a leitura deste livro, surge a necessidade de aplicar esses conceitos de forma prática em minha vida cotidiana. A teoria apresentada nas páginas deste livro ganha vida quando colocada em prática, e é nesse ponto que a verdadeira transformação ocorre.

Aplicando os conceitos do livro na vida cotidiana

Uma das primeiras ações que pretendo realizar é buscar oportunidades para praticar a gentileza e a humildade em meu dia a dia. Isso pode envolver desde pequenos gestos de cortesia até atitudes mais significativas de apoio e compreensão em relação aos outros.

Também pretendo refletir sobre a minha própria definição de beleza e buscar valorizar mais a beleza interior, tanto em mim mesmo quanto nas pessoas ao meu redor. A intenção é promover um ambiente mais positivo e acolhedor, onde a verdadeira essência das pessoas seja reconhecida e valorizada.

Desafios e benefícios da aplicação das reflexões do livro

Reconheço que a aplicação prática dos conceitos apresentados neste livro pode enfrentar desafios, especialmente em um mundo onde a gentileza e a humildade nem sempre são priorizadas. No entanto, estou disposto a enfrentar esses desafios, pois acredito que os benefícios de viver de acordo com esses valores superam amplamente as dificuldades.

Os benefícios incluem a construção de relacionamentos mais autênticos e significativos, o fortalecimento da autoestima e a contribuição para um ambiente social mais harmonioso e compassivo. Esses benefícios, por si só, justificam o esforço e a dedicação necessários para aplicar as reflexões deste livro em minha vida.

CAPÍTULO 20
Considerações Finais
Revisão do conteúdo

Ao longo deste livro, exploramos os principais conceitos relacionados à beleza, gentileza e humildade. Desde a importância da gentileza e humildade na sociedade até a arte de cumprimentar com um sorriso caloroso, cada capítulo nos levou a uma jornada de reflexão e aprendizado. A conexão entre a beleza interior, a educação, a diversidade e a busca pela felicidade foi cuidadosamente explorada, proporcionando uma visão abrangente e significativa sobre o tema.

Principais conceitos abordados no livro

Destacamos a gentileza e humildade como virtudes fundamentais, a importância da educação na promoção da gentileza, a arte de cumprimentar com um sorriso caloroso, a valorização da diversidade e a busca pela felicidade como reflexões essenciais ao longo desta obra. Cada conceito foi abordado com profundidade, oferecendo insights valiosos para a compreensão e aplicação prática desses princípios em nossas vidas.

Momentos marcantes do livro

Entre os momentos marcantes, destacam-se as reflexões sobre a beleza interior, a importância da autoconfiança e autoestima, a valorização da simplicidade e humildade, a arte de encantar com gentileza, a beleza da compaixão e empatia, e a importância de cultivar boas memórias. Cada capítulo ofereceu uma perspectiva única e inspiradora, enriquecendo nossa compreensão sobre a temática abordada.

Fatos e Estatísticas Rápidos

Entre os momentos marcantes, destacam-se as reflexões sobre a beleza interior, a importância da autoconfiança e autoestima, a valorização da simplicidade e humildade, a arte de encantar com gentileza, a beleza da compaixão e empatia, e a importância de cultivar boas memórias. Cada capítulo ofereceu uma perspectiva única e inspiradora, enriquecendo nossa compreensão sobre a temática abordada.

Agradecimentos

Gostaríamos de expressar nossa gratidão a todos os colaboradores que contribuíram para a realização deste livro. Seu empenho e dedicação foram fundamentais para a concretização deste projeto, e estamos imensamente agradecidos por sua participação.

Agradecimentos aos colaboradores do livro

Agradecemos a todos os autores, editores, designers, revisores e demais profissionais envolvidos na criação deste livro. Seu trabalho árduo e comprometimento foram essenciais para a qualidade e relevância deste material.

Agradecimento especial ao Emerson pela inspiração

Um agradecimento especial ao Emerson, cuja inspiração e orientação foram inestimáveis para a concepção e desenvolvimento deste livro. Sua sabedoria e visão contribuíram significativamente para a construção de um conteúdo impactante e significativo.

Chamo-me Emerson Calejon, sou formado em Administração de Empresas, realizo pesquisas e sou autodidata em filosofia clássica e contemporânea. Sou estudante da espiritualidade e ciências humanas, possuo pós-graduação em psicologia existencial e psicanálise e tenho grande apreço pela escrita.

Já escrevi diversas obras abordando diferentes assuntos, estou agora divulgando meu novo livro chamado "John River: o início da missão".

O que mais me alegra é perceber que constantemente surgirão novas provas para superarmos e continuarmos progredindo em direção aos nossos objetivos.

Agradeço!

"Ainda que eu falasse a língua dos Anjos e dos Homens, sem Amor, eu nada seria."

"Que Deus esteja com Todos."

Editora Home
2024

São Paulo
2024